Para mi gran amigo
Joseph con
mucho cariño

(Navidad 2001-2002)

¿QUIÉN SE HA LLEVADO MI QUESO?

Spencer Johnson

¿Quién se ha llevado mi queso?

*Una manera sorprendente de
afrontar el cambio en el trabajo
y en la vida privada*

EMPRESA ACTIVA

Argentina - Chile - Colombia - España
Estados Unidos - México - Venezuela

Título original: *Who Moved my Cheese?*
Editor original: G. P. Putnam's Sons, Nueva York
Traducción: José M. Pomares

© 1998 *by* Spencer Johnson
© 2000 *by* Ediciones Urano, S. A.
   Aribau, 142, pral. - 08036 Barcelona
   www.empresaactiva.com

ISBN: 84-7953-445-1
Depósito legal: B - 22.455 - 2001

Fotocomposición: Ediciones Urano, S. A.
Impreso por Romanyà Valls, S. A. - Verdaguer, 1 - 08786 Capellades (Barcelona)

Impreso en España - *Printed in Spain*

Dedicado a mi amigo
el doctor Kenneth Blanchard,
cuyo entusiasmo por esta narración
me animó a escribir este libro,
y cuya ayuda ha permitido
que llegue a tantas personas.

Los planes mejor trazados
de hombres y ratones
suelen salir mal.

ROBERT BURNS (1759-1796)

La vida no es ningún pasillo recto y fácil
que recorremos libres y sin obstáculos,
sino un laberinto de pasadizos,
en el que tenemos que buscar nuestro camino,
perdidos y confusos, detenidos,
de vez en cuando, por un callejón sin salida.

Pero, si tenemos fe, siempre se abre
una puerta ante nosotros;
quizá no sea la que imaginamos,
pero sí será, finalmente,
la que demuestre ser buena
para nosotros.

A. J. CRONIN

Índice

PARTES DE TODOS NOSOTROS

Lo simple y lo complejo

Los cuatro personajes imaginarios
presentados en esta fábula, los ratones
«Fisgón» y «Escurridizo» y los liliputienses
«Hem» y «Haw», pretenden representar las
partes simples y complejas de nosotros
mismos, independientemente de nuestra edad,
sexo, raza o nacionalidad.

A veces, podemos actuar como
Fisgón
que fisgonea y detecta pronto el cambio,
o como
Escurridizo
que se apresura hacia la acción, o como
Hem
que se niega y se resiste al cambio, por temor
a que conduzca a algo peor, o como
Haw
que aprende a adaptarse a tiempo,
en cuanto comprende que el cambio
puede conducir a algo mejor.

Al margen de la parte de nosotros mismos
que decidamos utilizar, todos compartimos
algo en común: la necesidad de encontrar
nuestro camino en el laberinto y alcanzar
éxito en unos tiempos tan cambiantes.

La historia de la narración

por Kenneth Blanchard

Me entusiasma contarles la historia de cómo se creó la narración de *¿Quién se ha llevado mi queso?*, porque eso significa que el libro ya se ha escrito y todos podemos leerlo, disfrutarlo y compartirlo con los demás.

Eso es algo que he deseado que sucediera desde que escuché por primera vez a Spencer Johnson contar su magnífica fábula del «Queso», hace ya muchos años, antes de que escribiéramos juntos nuestro libro *El ejecutivo al minuto.**

Recuerdo que en aquel entonces pensé en lo buena que era esta historia y en lo útil que sería para mí a partir de ese momento.

¿Quién se ha llevado mi queso? es una narración sobre el cambio que tiene lugar en un laberinto, donde cuatro divertidos personajes bus-

---

* *El ejecutivo al minuto*, Grijalbo, Barcelona, 1995.

can el «Queso», siendo ese queso una metáfora de lo que deseamos tener en la vida, ya sea un puesto de trabajo, una relación, dinero, una casa grande, libertad, salud, reconocimiento, paz espiritual, o incluso una actividad como correr o jugar al golf.

Cada uno de nosotros tiene su propia idea de lo que es el Queso, y nos esforzamos por encontrarlo porque estamos convencidos de que nos hará felices. Si lo conseguimos, a menudo nos vinculamos a él. Y si lo perdemos o nos lo arrebatan, podemos pasar por una experiencia traumática.

El «laberinto» de la narración representa aquí el tiempo que cada uno de nosotros dedica a buscar lo que desea. Puede ser la empresa u organización donde se trabaja, la comunidad en la que se vive o las relaciones que se tienen en la vida.

En las conferencias que pronuncio por todo el mundo, suelo contar el relato del Queso que usted se dispone a leer ahora y, con frecuencia, la gente me dice más tarde la gran diferencia que supuso para ellos.

Lo crean o no, lo cierto es que esta narración tiene fama de haber salvado carreras profesionales, matrimonios ¡y hasta vidas!

Uno de los muchos ejemplos extraídos de la vida real procede de Charlie Jones, un afamado presentador de la NBC-TV, quien reveló que el hecho de haber escuchado la narración de *¿Quién se ha llevado mi queso?* salvó su carrera profesional.

Su trabajo como presentador es singular, pero cualquier persona puede utilizar los principios que él aprendió.

Esto fue lo que sucedió: Charlie había trabajado duro y realizado una gran tarea en la transmisión de las pruebas de pista y campo a través de unos Juegos Olímpicos anteriores, por lo que se sintió muy sorprendido y alterado cuando su jefe le comunicó que en los siguientes Juegos se le retiraría de la transmisión de esas pruebas estelares y se le asignarían las de natación y saltos.

Al no conocer esos deportes tan bien, se sintió frustrado y poco apreciado, lo que provocó en él un gran enfado. Dijo sentir que aquello no era justo. A partir de entonces, su cólera empezó a afectar a todo lo que hacía.

Fue entonces cuando escuchó el relato de *¿Quién se ha llevado mi queso?*

Después de eso, aseguró haberse reído de sí mismo y cambió por completo de actitud. Se dio cuenta de que su jefe no había hecho sino «cambiarle el Queso de sitio». Así pues, se adaptó. Aprendió a conocer los dos nuevos deportes que se le habían asignado y, a lo largo del proceso, descubrió que hacer algo nuevo le permitía sentirse más joven.

Su jefe no tardó en reconocer esta nueva actitud y energía, y pronto le ofreció mejores cometidos. Charlie Jones empezó a tener más éxito que nunca y más tarde quedó incluido en el apartado de presentadores del Salón de la Fama del Fútbol.

Esta no es más que una de entre las muchas historias de la vida real que he oído contar acerca del impacto que ha tenido esta narración sobre la gente y que ha afectado desde su vida laboral a su vida amorosa.

Estoy tan absolutamente convencido del poder de *¿Quién se ha llevado mi queso?* que entregué un ejemplar de una edición previa a todos los que trabajan en nuestra empresa (más de doscientas personas). ¿Por qué?

Pues porque, como toda empresa que no sólo desea sobrevivir en el futuro, sino seguir siendo competitiva, The Ken Blanchard Companies está inmersa en un cambio constante. Es decir, sigue cambiándonos el Queso de sitio. Aunque en el pasado queríamos contar con empleados leales, hoy necesitamos gente flexible, que no sea posesiva respecto de «cómo se hacen las cosas por aquí».

Y, sin embargo, como todos sabemos muy bien, vivir en una constante corriente de aguas bravas, con todos los cambios que ocurren en el trabajo o en la vida, puede ser algo muy estresante, a menos que la gente tenga una forma de considerar el cambio que la ayude a comprenderlo. Es decir, que entre en la historia del Queso.

Cuando le cuento esta historia a la gente y luego leen *¿Quién se ha llevado mi queso?*, casi puede percibirse cómo empieza a producirse una liberación de energía negativa. Uno tras otro, desde todos los departamentos de la empresa, se esfuerzan por darme las gracias por el libro y decirme lo útil que ya les ha sido para ver, bajo una luz diferente, los cambios que se están produciendo en la empresa. Créanme, se necesita muy poco tiempo para leer esta pequeña parábola, pero el impacto que causa puede ser profundo.

A medida que vaya leyendo, encontrará tres partes. En la primera, «Una reunión», antiguos compañeros de escuela hablan en una reunión de clase sobre cómo afrontar los cambios que están teniendo lugar en su vida. La segunda parte, que constituye el núcleo del libro, es «La narración: ¿Quién se ha llevado mi queso?»

En «La narración» verá que a los dos ratones les va mejor cuando se enfrentan al cambio, porque procuran que las cosas sigan siendo simples, mientras que los dos liliputienses, con sus complejos cerebros y emociones humanas, no hacen más que complicarlo todo. No quiere ello decir que los ratones sean más listos. Todos sabemos que las personas son más inteligentes que los ratones.

Sin embargo, a medida que se observa lo que hacen nuestros cuatro personajes y se da uno cuenta de que los ratones y los liliputienses representan partes de nosotros mismos (lo simple y lo complejo), se termina por comprender que tendríamos muchas más ventajas si, cuando cambian las situaciones, hiciéramos aquellas cosas sencillas que funcionan.

En la tercera parte, «Un debate», la gente analiza lo que significó «La narración» para ellos y cómo van a utilizarla en su trabajo y en su vida.

Algunos lectores del manuscrito inicial de este libro prefirieron detenerse al final de «La narración», sin continuar la lectura, e interpretar su significado por sí mismos. Otros disfrutaron leyendo «Un debate» porque eso estimuló su pensamiento acerca de cómo podrían aplicar lo aprendido a su propia situación.

En cualquier caso, confío en que cada vez que vuelva a leer *¿Quién se ha llevado mi queso?* encuentre algo nuevo y útil, como me sucede a mí, y que eso le ayude a afrontar el cambio y alcanzar éxito, en aquello que usted mismo decida que es el éxito.

Espero que disfrute con lo que se dispone a descubrir y le expreso mis mejores deseos. Ah, y recuerde: ¡muévase con el Queso!

KEN BLANCHARD

San Diego (California)

¿Quién se ha llevado mi queso?

Una reunión
Chicago

Un soleado domingo, en Chicago, varios antiguos compañeros de clase que habían sido buenos amigos en la escuela se citaron para almorzar después de haber asistido la noche anterior a la reunión de su escuela superior. Deseaban saber más detalles sobre lo que sucedía en la vida de cada uno de ellos. Después de no pocas bromas y un copioso almuerzo, iniciaron una interesante conversación.

Angela, que había sido una de las alumnas más populares de la clase, dijo:

—Desde luego, la vida resultó ser muy diferente a como creí que sería cuando estaba en la escuela. Han cambiado muchas cosas.

—Ciertamente —asintió Nathan. Todos sabían que se había hecho cargo del negocio de la familia, que funcionaba del mismo modo y que formaba parte de la comunidad local desde que tenían uso de razón. Por eso se sorprendieron al comprender que parecía preocupado—. Pero ¿os habéis dado cuenta de que no queremos cambiar cuando las cosas cambian?

—Supongo que nos resistimos al cambio porque le tenemos miedo —observó Carlos.

—Carlos, tú fuiste el capitán del equipo de fútbol —intervino Jessica—. ¡Nunca creí posible oírte decir que tienes miedo!

Todos se echaron a reír al darse cuenta de que, a pesar de haber seguido direcciones muy diferentes, desde trabajar en casa hasta dirigir empresas, experimentaban unos sentimientos muy similares.

Todos trataban de afrontar los inesperados cambios que les estaban ocurriendo en los últimos años. Y la mayoría admitía no conocer una buena forma de manejarlos.

—A mí me daba miedo cambiar —dijo entonces Michael—. Cuando se presentó un gran cambio en nuestra empresa, no supimos qué hacer. Así que no nos adaptamos y estuvimos a punto de perderla. Pero entonces oímos contar un divertido y breve cuento que lo cambió todo.

—¿De veras? —preguntó Nathan.

—Bueno, el caso es que esa narración transformó mi forma de considerar el cambio, de modo que en lugar de verlo como la posibilidad de perder algo, empecé a verlo como la oportunidad de ganar algo y comprendí cómo hacerlo. Después de eso, las cosas mejoraron con rapidez, tanto en el trabajo como en mi vida personal.

»Al principio, me molestó la evidente simplicidad del relato porque parecía algo que bien pudieran habernos contado en la escuela.

»Fue entonces cuando me di cuenta de que, en realidad, me sentía molesto conmigo mismo, por no haber visto lo evidente ni haber hecho lo que verdaderamente funciona cuando cambian las cosas.

»Al comprender que los cuatro personajes de ese cuento representan las diversas partes de mí mismo, decidí cómo quería actuar y cambié.

»Más tarde, se lo conté a algunas personas de nuestra empresa, y ellas se lo contaron a su vez a otras, y el negocio no tardó en mejorar considerablemente, gracias a que la mayoría de nosotros aprendimos a adaptarnos mejor al cambio. Y, lo mismo que me sucede a mí, son muchos los que afirman que también los ha ayudado en su vida privada.

»Por otro lado, fueron pocas las personas que dijeron no haber sacado nada en limpio de esta narración. O bien conocían ya las lecciones y las vivían y ponían en práctica o, lo que era más habitual, creían saberlo todo y no deseaban aprender. No se daban cuenta de la razón por la que tantos otros se beneficiaban de ella.

»Cuando uno de nuestros altos ejecutivos,

que tenía problemas para adaptarse, dijo que el relato sólo era una pérdida de su valioso tiempo, otros se burlaron de él, diciendo que sabían muy bien qué personaje representaba en el cuento, refiriéndose con ello al que no aprendía nada nuevo y no cambiaba.

—¿Pero cuál es ese cuento? —preguntó Angela.

—Se titula *¿Quién se ha llevado mi queso?* Todos se echaron a reír.

—Creo que esto ya empieza a gustarme —dijo Carlos—. ¿Te importaría contárnoslo? Quizá podamos sacarle partido.

—Pues claro —contestó Michael—. Me encantará y, además, no se necesita mucho tiempo.

Y así fue como empezó a contarlo.

La narración
¿Quién se ha llevado mi queso?

Érase una vez, hace mucho tiempo, en un país muy lejano, vivían cuatro pequeños personajes que recorrían un laberinto buscando el queso que los alimentara y los hiciera sentirse felices.

Dos de ellos eran ratones y se llamaban «Fisgón» y «Escurridizo», y los otros dos eran liliputienses, seres tan pequeños como los ratones, pero cuyo aspecto y forma de actuar se parecía mucho a las gentes de hoy día. Se llamaban «Hem» y «Haw».

Debido a su pequeño tamaño, sería fácil no darse cuenta de lo que estaban haciendo los cuatro. Pero si se miraba con la suficiente atención, se descubrían las cosas más extraordinarias.

Cada día, los ratones y los liliputienses dedicaban el tiempo en el laberinto a buscar su propio queso especial.

Los ratones, Fisgón y Escurridizo, que sólo poseían simples cerebros de roedores, pero muy buen instinto, buscaban un queso seco y duro de roer, como suelen hacer los ratones.

Los dos liliputienses, Hem y Haw, utilizaban su cerebro, repleto de convicciones y emociones, para buscar una clase muy diferente de Queso, con mayúscula, que estaban convencidos los haría sentirse felices y alcanzar éxito.

Por muy diferentes que fuesen los ratones y los liliputienses, tenían algo en común: cada mañana, se colocaban sus atuendos y sus zapatillas de correr, abandonaban sus diminutas casas y se ponían a correr por el laberinto en busca de su queso favorito.

El laberinto estaba compuesto por pasillos y cámaras, algunas de las cuales contenían un queso delicioso. Pero también había rincones oscuros y callejones sin salida que no conducían a ninguna parte. Era un lugar donde cualquiera podía perderse con suma facilidad.

No obstante, el laberinto contenía secretos que permitían disfrutar de una vida mejor a los que supieran encontrar su camino.

Los ratones, Fisgón y Escurridizo, utilizaban el sencillo método del tanteo para encontrar el queso. Recorrían un pasadizo y, si lo encontraban vacío, se daban media vuelta y recorrían otro. Recordaban los pasadizos donde no había queso y, de ese modo, pronto empezaron a explorar nuevas zonas.

Fisgón utilizaba su magnífica nariz para husmear la dirección general de donde procedía el olor del queso, mientras que Escurridizo se lanzaba hacia delante. Se perdieron más de una vez, como no podía ser de otro modo; seguían direcciones equivocadas y a menudo tropezaban con las paredes. Pero al cabo de un tiempo encontraban el camino.

Al igual que los ratones, Hem y Haw, los dos liliputienses, también utilizaban su capacidad para pensar y aprender de experiencias del pasado. No obstante, se fiaban de su complejo cerebro para desarrollar métodos más sofisticados de encontrar el Queso.

A veces les salía bien, pero en otras ocasiones se dejaban dominar por sus poderosas convicciones y emociones humanas, que nublaban su forma de ver las cosas. Eso hacía que la vida en el laberinto fuese mucho más complicada y desafiante.

A pesar de todo, Fisgón, Escurridizo, Hem y Haw terminaron por encontrar el camino hacia lo que andaban buscando. Cada uno encontró un día su propia clase de queso al final de uno de los pasadizos, en el depósito de Queso Q.

Después de eso, los ratones y los liliputienses se ponían cada mañana sus atuendos para correr y se dirigían al depósito de Queso Q. Así, no tardaron mucho en establecer cada uno su propia rutina.

Fisgón y Escurridizo continuaron levantándose pronto cada día para recorrer el laberinto, siguiendo siempre la misma ruta.

Una vez llegados a su destino, los ratones se quitaban las zapatillas de correr, las ataban juntas y se las colgaban del cuello, para poder utilizarlas de nuevo con rapidez en cuanto las necesitaran. Por último, se dedicaban a disfrutar del queso.

Al principio, Hem y Haw también se apresuraban cada mañana hacia el depósito de Queso Q, para disfrutar de los jugosos nuevos bocados que los esperaban.

Pero, al cabo de un tiempo, los liliputienses establecieron una rutina diferente.

Hem y Haw se levantaban cada día un poco más tarde, se vestían con algo más de lentitud y, en lugar de correr, caminaban hacia el depósito de Queso Q. Después de todo, ahora ya sabían dónde estaba el Queso y cómo llegar hasta él.

No tenían la menor idea de dónde provenía el Queso ni de quién lo ponía allí. Simplemente, suponían que estaría donde esperaban que estuviese.

Cada mañana, en cuanto llegaban al depósito de Queso Q, se instalaban cómodamente, como si estuvieran en su casa. Colgaban los atuendos de correr, se quitaban las zapatillas y se ponían las pantuflas. Ahora que habían encontrado el Queso empezaban a sentirse muy cómodos.

—Esto es fantástico —dijo Hem—. Aquí hay Queso suficiente para toda la vida.

Los liliputienses se sentían felices; tenían la sensación de haber alcanzado el éxito y creían estar seguros.

Hem y Haw no tardaron en considerar que el Queso encontrado en el depósito de Queso Q era de su propiedad. Allí había tantas reservas de Queso que finalmente trasladaron sus hogares para estar más cerca y crear su vida social alrededor de ese lugar.

Para sentirse todavía más cómodos, Hem y Haw decoraron las paredes con frases y hasta dibujaron imágenes del Queso a su alrededor, lo que los hacía sonreír. Una de aquellas frases decía:

Tener Queso
te hace feliz.

A veces, Hem y Haw invitaban a sus amigos para que contemplaran su montón de Queso en el depósito de Queso Q, lo mostraban con orgullo y decían: «Bonito Queso, ¿verdad?». Algunas veces lo compartían con sus amigos. Otras veces no.

—Nos merecemos este Queso —dijo Hem, al tiempo que tomaba un trozo fresco y se lo comía—. Sin duda tuvimos que trabajar duro y durante mucho tiempo para encontrarlo.

Después de comer, Hem se quedó dormido, como solía sucederle.

Cada noche, los liliputienses regresaban lentamente a casa, repletos de Queso, y cada mañana volvían a buscar más, sintiéndose muy seguros de sí mismos.

Así se mantuvo la situación durante algún tiempo.

Poco a poco, la seguridad que Hem y Haw tenían en sí mismos se fue convirtiendo en la arrogancia propia del éxito. Pronto se sintieron tan sumamente a gusto, que ni siquiera se dieron cuenta de lo que estaba sucediendo.

Por su parte, Fisgón y Escurridizo continuaron con su rutina a medida que pasaba el tiempo. Cada mañana llegaban temprano, husmeaban, marcaban la zona e iban de un lado a otro del depósito de Queso Q, comprobando si se había producido algún cambio con respecto a la situación del día anterior. Luego, se sentaban tranquilamente a roer el queso.

Una mañana llegaron al depósito de Queso Q y descubrieron que no había queso.

No se sorprendieron. Desde que Fisgón y Escurridizo empezaron a notar que la provisión de queso disminuía cada día que pasaba, se habían preparado para lo inevitable y supieron instintivamente qué tenían que hacer.

Se miraron el uno al otro, tomaron las zapatillas de correr que llevaban atadas y convenientemente colgadas del cuello, se las pusieron en las patas y se anudaron los cordones.

Los ratones no se entretuvieron en analizar demasiado las cosas.

Para ellos, tanto el problema como la respuesta eran bien simples. La situación en el depósito de Queso Q había cambiado. Así pues, Fisgón y Escurridizo decidieron cambiar.

Ambos se quedaron mirando hacia el inescrutable laberinto. Luego, Fisgón levantó ligeramente la nariz, husmeó y le hizo señas a Escurridizo, que echó a correr por el laberinto siguiendo la indicación de Fisgón, seguido por este con toda la rapidez que pudo.

Muy pronto ya estaban en busca de Queso Nuevo.

• • •

Algo más tarde, ese mismo día, Hem y Haw llegaron al depósito de Queso Q. No habían prestado la menor atención a los pequeños cambios que se habían ido produciendo cada día, así que daban por sentado que allí encontrarían su Queso, como siempre.

No estaban preparados para lo que descubrieron.

—¡Qué! ¿No hay Queso? —gritó Hem, y siguió gritando—: ¿No hay Queso? ¿No hay nada de Queso?, —como si el hecho de gritar cada vez más fuerte bastara para que reapareciese.

»¿Quién se ha llevado mi Queso? —aulló.

Finalmente, puso los brazos en jarras, con la cara enrojecida, y gritó con toda la fuerza de su voz:

—¡No hay derecho!

Haw, por su parte, se limitó a sacudir la cabeza con incredulidad. Él también estaba seguro de encontrar Queso en el depósito de Queso Q. Se quedó allí de pie durante largo rato, como petrificado por la conmoción. No estaba preparado para esto.

Hem gritaba algo, pero Haw no quería escucharlo. No quería tener que enfrentarse con esta nueva situación, así que hizo oídos sordos.

El comportamiento de los liliputienses no

era precisamente halagüeño ni productivo, aunque sí comprensible.

Encontrar el Queso no les había resultado fácil, y para los liliputienses significaba mucho más que, simplemente, tener cada día qué comer.

Para ellos, encontrar el Queso era su forma de conseguir lo que creían necesitar para ser felices. Tenían sus propias ideas acerca de lo que el Queso significaba para ellos, dependiendo de su sabor.

Para algunos, encontrar Queso equivalía a tener cosas materiales. Para otros, significaba disfrutar de buena salud o desarrollar un sentido espiritual del bienestar.

Para Haw, por ejemplo, el Queso significaba sentirse seguro, tener algún día una familia cariñosa y vivir en una bonita casa de campo en la Vereda Cheddar.

Para Hem, el Queso significaba convertirse en un Gran Quesero que mandara a muchos otros y en ser propietario de una gran casa en lo alto de Colina Camembert.

Puesto que el Queso era tan importante para ellos, los dos liliputienses emplearon bastante tiempo en decidir qué hacer. Lo único que se les ocurrió fue seguir mirando por los alrededores del depósito Sin Queso, para comprobar si el Queso había desaparecido realmente.

Mientras que Fisgón y Escurridizo se habían

puesto en movimiento con rapidez, Hem y Haw seguían con sus indecisiones y exclamaciones.

Despotricaban y desvariaban ante la injusticia de la situación. Haw empezó a sentirse deprimido. ¿Qué ocurriría si el Queso seguía sin estar allí a la mañana siguiente? Precisamente había hecho planes para el futuro, basándose en la presencia de ese Queso.

Los liliputienses no podían creer lo que estaba ocurriendo. ¿Cómo podía haber sucedido una cosa así? Nadie les había advertido de nada. No era justo. Se suponía que las cosas no debían ser así.

Hem y Haw regresaron aquella noche a sus casas hambrientos y desanimados. Pero antes de marcharse, Haw escribió en la pared:

Cuanto más importante es el Queso para ti, tanto más deseas conservarlo.

Al día siguiente, Hem y Haw abandonaron sus hogares y regresaron de nuevo al depósito Sin Queso, confiando, de algún modo, en volver a encontrar Queso.

Pero la situación no había variado; el Queso ya no estaba allí. Los liliputienses no sabían qué hacer. Hem y Haw se quedaron allí, inmovilizados como dos estatuas.

Haw cerró los ojos con toda la fuerza que pudo y se cubrió las orejas con las manos. Lo único que deseaba era bloquear todo tipo de percepciones. No quería saber que la provisión de Queso había ido disminuyendo gradualmente. Estaba convencido de que había desaparecido de repente.

Hem analizó una y otra vez la situación y, finalmente, su complicado cerebro, con su enorme sistema de creencias, se afianzó en su lógica.

—¿Por qué me han hecho esto? —preguntó—. ¿Qué está pasando aquí?

Haw abrió los ojos, miró a su alrededor y dijo:

—Y, a propósito, ¿dónde están Fisgón y Escurridizo? ¿Crees que ellos saben algo que nosotros no sepamos?

—¿Qué demonios podrían saber ellos? —replicó Hem con sorna—. No son más que simples ratones. Escasamente responden a lo que sucede.

Nosotros, en cambio, somos liliputienses. Somos más inteligentes que los ratones. Deberíamos poder encontrar una solución a esto.

—Sé que somos más inteligentes —asintió Haw—, pero por el momento no parece que estemos actuando como tales. Las cosas están cambiando aquí, Hem. Quizá también tengamos que cambiar nosotros y actuar de modo diferente.

—¿Y por qué íbamos a tener que cambiar? —replicó Hem—. Somos liliputienses. Somos seres especiales. Este tipo de cosas no debería habernos ocurrido a nosotros y, si nos ha sucedido, tendríamos que sacarles al menos algún beneficio.

—¿Y por qué crees que deberíamos obtener un beneficio? —preguntó Haw.

—Porque tenemos derecho a ello —afirmó Hem.

—¿Derecho a qué? —quiso saber Haw.

—Pues derecho a nuestro Queso.

—¿Por qué? —insistió Haw.

—Pues porque no fuimos nosotros los causantes de este problema —contestó Hem—. Alguien lo ha provocado, y nosotros deberíamos aprovecharnos de la situación.

—Quizá lo que debamos hacer —sugirió Haw— sea dejar de analizar tanto las cosas y ponernos a buscar algo de Queso Nuevo.

—Ah, no —exclamó Hem—. Estoy decidido a llegar hasta el fondo de este asunto.

Mientras Hem y Haw seguían tratando de decidir qué hacer, Fisgón y Escurridizo ya hacía tiempo que se habían puesto patas a la obra. Llegaron más lejos que nunca en los recovecos del laberinto, recorrieron nuevos pasadizos y buscaron el queso en todos los depósitos de Queso que encontraron.

No pensaban en ninguna otra cosa que no fuese encontrar Queso Nuevo.

No encontraron nada durante algún tiempo, hasta que finalmente llegaron a una zona del laberinto en la que nunca habían estado con anterioridad: el depósito de Queso N.

Lanzaron grititos de alegría. Habían encontrado lo que estaban buscando: una gran reserva de Queso Nuevo.

Apenas podían creer lo que veían sus ojos. Era la mayor provisión de queso que jamás hubieran visto los ratones.

Mientras tanto, Hem y Haw seguían en el depósito de Queso Q, evaluando su situación. Empezaban a sufrir ahora los efectos de no tener Queso. Se sentían frustrados y coléricos, y se acusaban el uno al otro por la situación en que se hallaban.

De vez en cuando, Haw pensaba en sus amigos los ratones, en Fisgón y Escurridizo, y se preguntaba si acaso habrían encontrado ya algo de queso. Estaba convencido de que debían de estar pasándolo muy mal, puesto que recorrer el laberinto de un lado a otro siempre suponía un tanto de incertidumbre. Pero también sabía que, muy probablemente, esa incertidumbre no les duraría mucho.

A veces, Haw imaginaba que Fisgón y Escurridizo habían encontrado Queso Nuevo, del que ya disfrutaban. Pensó en lo bueno que sería para él emprender una aventura por el laberinto y encontrar Queso Nuevo. Casi lo saboreaba ya.

Cuanto mayor era la claridad con la que veía su propia imagen descubriendo y disfrutando del Queso Nuevo, tanto más se imaginaba a sí mismo en el acto de abandonar el depósito de Queso Q.

—¡Vámonos! —exclamó entonces, de repente.

—No —se apresuró a responder Hem—. Me gusta estar aquí. Es un sitio cómodo. Esto es lo que conozco. Además, salir por ahí fuera es peligroso.

—No, no lo es —le replicó Haw—. En otras ocasiones anteriores ya hemos recorrido muchas partes del laberinto y podemos hacerlo de nuevo.

—Empiezo a sentirme demasiado viejo para eso —dijo Hem—. Y creo que no me interesa la perspectiva de perderme y hacer el ridículo. ¿Acaso a ti te interesa eso?

Y, con ello, Haw volvió a experimentar el temor al fracaso y se desvaneció su esperanza de encontrar Queso Nuevo.

Así que los liliputienses siguieron haciendo cada día lo mismo que habían hecho hasta entonces. Acudían al depósito de Queso Q, no encontraban Queso alguno y regresaban a casa, cargados únicamente con sus preocupaciones y frustraciones.

Intentaron negar lo que estaba ocurriendo, pero cada noche les resultaba más difícil dormir, y al día siguiente les quedaba menos energía y se sentían más irritables.

Sus hogares ya no eran los lugares acogedores y reconfortantes que habían sido en otros tiempos. Los liliputienses tenían dificultades para dormir y sufrían pesadillas por no encontrar ningún Queso.

Pero Hem y Haw seguían regresando cada día al depósito de Queso Q, donde se limitaban a esperar.

—¿Sabes? —dijo un día Hem—, si nos esforzásemos un poco más quizá descubriríamos que las cosas no han cambiado tanto. Probablemente, el Queso está cerca. Es posible que lo escondieran detrás de la pared.

Al día siguiente, Hem y Haw regresaron provistos de herramientas. Hem sostenía el cincel que Haw golpeaba con el martillo, hasta que, tras no poco esfuerzo, lograron abrir un agujero en la pared del depósito de Queso Q. Se asomaron al otro lado, pero no encontraron Queso alguno.

Se sintieron decepcionados, pero convencidos de poder solucionar el problema. Así que, a partir de entonces, empezaron a trabajar más pronto y más duro y se quedaron hasta más tarde. Pero, al cabo de un tiempo, lo único que habían conseguido era hacer un gran agujero en la pared.

Haw empezaba a comprender la diferencia entre actividad y productividad.

—Quizá debamos limitarnos a permanecer sentados aquí y ver qué sucede —sugirió Hem—. Tarde o temprano tendrán que devolver el Queso a su sitio.

Haw deseaba creerlo así, de modo que cada día regresaba a casa para descansar y luego volvía de mala gana al depósito de Queso Q, en compañía de Hem. Pero el Queso no reapareció nunca.

A estas alturas, los liliputienses ya comenzaban a sentirse débiles a causa del hambre y el estrés. Haw estaba cansado de esperar, pues su situación no mejoraba lo más mínimo. Empezó a comprender que, cuanto más tiempo permanecieran sin Queso, tanto más difícil sería la situación para ellos.

Haw sabía muy bien que estaban perdiendo su ventaja.

Finalmente, un buen día, Haw se echó a reír de sí mismo.

—Fíjate. Seguimos haciendo lo mismo de siempre, una y otra vez, y encima nos preguntamos por qué no mejoran las cosas. Si esto no fuera tan ridículo, hasta resultaría divertido.

A Haw no le gustaba la idea de tener que lanzarse de nuevo a explorar el laberinto, porque sabía que se perdería y no tenía ni la menor idea de dónde podría encontrar Queso. Pero no pudo evitar reírse de su estupidez, al comprender lo que le estaba haciendo su temor.

—¿Dónde dejamos las zapatillas de correr? —le preguntó a Hem.

Tardaron bastante en encontrarlas, porque cuando habían encontrado Queso en el depósito de Queso Q, las habían arrinconado en cualquier parte creyendo que ya no volverían a necesitarlas.

Cuando Hem vio a su amigo calzándose las zapatillas, le preguntó:

—No pensarás en serio en volver a internarte en ese laberinto, ¿verdad? ¿Por qué no te limitas a esperar aquí conmigo hasta que nos devuelvan el Queso?

—Veo que no entiendes nada —contestó Haw—. Yo tampoco quise verlo así, pero ahora me doy cuenta de que nadie nos va a devolver el Queso de ayer. Ya es hora de encontrar Queso Nuevo.

—Pero ¿y si resulta que ahí fuera no hay ningún Queso? —replicó Hem—. Y aunque lo hubiera, ¿y si no lo encuentras?

—Pues no sé —contestó Haw.

Él también se había hecho esas mismas preguntas muchas veces y experimentó de nuevo los temores que le mantenían donde estaba.

«¿Dónde tengo más probabilidades de encontrar Queso, aquí o en el laberinto?», se preguntó a sí mismo.

Se hizo una imagen mental. Se vio a sí mismo aventurándose por el laberinto, con una sonrisa en la cara.

Aunque esta imagen le sorprendió, lo cierto es que le hizo sentirse bien. Se imaginó perdiéndose de vez en cuando en el laberinto, pero experimentaba la suficiente seguridad en sí mismo de que encontraría finalmente Queso Nuevo y todas las cosas buenas que lo acompañaban. Así que, finalmente, hizo acopio de todo su valor.

Luego, utilizó su imaginación para hacerse la imagen más verosímil que pudiera concebir, acompañada por los detalles más realistas, de sí mismo al encontrar y disfrutar con el sabor del Queso Nuevo.

Se imaginó comiendo sabroso queso suizo con agujeros, queso cheddar de brillante color anaranjado, quesos estadounidenses, mozzarella italiana, y el maravillosamente pastoso camembert francés, y...

Entonces oyó a Hem decir algo y tomó conciencia de hallarse todavía en el depósito de Queso Q.

—A veces, las cosas cambian y ya nunca más vuelven a ser como antes —dijo Haw—. Y esta parece ser una de esas ocasiones. ¡Así es la vida! Sigue adelante, y nosotros deberíamos hacer lo mismo.

Haw miró a su demacrado compañero y trató de infundirle sentido común, pero el temor de Hem se transformó en cólera y no quiso escucharle.

Haw no tenía la intención de ser grosero con su amigo, pero no pudo evitar echarse a reír ante la estupidez de ambos.

Mientras se preparaba para marcharse, empezó a sentirse más animado, sabiendo que finalmente había logrado reírse de sí mismo, dejar atrás el pasado y seguir adelante.

QUIÉN SE HA LLEVADO MI QUESO?

Haw se echó a reír con fuerza y exclamó:

—¡Es hora de explorar el laberinto!

Hem no se rió ni dijo nada.

Antes de partir, Haw tomó una piedra pequeña y afilada y escribió un pensamiento muy serio en la pared, para darle a Hem algo en lo que pensar. Tal como era su costumbre, trazó incluso un dibujo de queso alrededor, confiando en que eso le ayudara a Hem a sonreír, a tomarse la situación más a la ligera y seguirle en la búsqueda de Queso Nuevo. Pero Hem no quiso mirar lo escrito, que decía:

Si no cambias,
te puedes extinguir.

Luego, Haw asomó la cabeza por el agujero que habían abierto y miró ansioso hacia el laberinto. Pensó en cómo habían llegado a esta situación sin Queso.

Durante un tiempo había creído que bien podría no haber nada de Queso en el laberinto, o que quizá no lo encontrara. Esas temerosas convicciones no hicieron sino inmovilizarlo y anularlo.

Sonrió. Sabía que, interiormente, Hem seguía preguntándose: «¿Quién se ha llevado mi queso?», pero Haw, en cambio, se preguntaba: «¿Por qué no me levanté antes y me moví con el Queso?».

Al empezar a internarse en el laberinto, miró hacia atrás, en dirección al lugar de donde había venido y donde tantas satisfacciones había encontrado. Casi notaba como si una parte de sí mismo se sintiera atraída hacia atrás, al territorio que le resultaba familiar, a pesar de que ya hacía tiempo que no encontraba allí nada de Queso.

Haw se sintió más ansioso y se preguntó si realmente deseaba internarse en el laberinto. Escribió una frase en la pared, por delante de él, y se quedó mirándola fijamente durante un tiempo:

¿Qué harías
si no tuvieras miedo?

Pensó en ello.

Sabía que, a veces, un poco de temor puede ser bueno. Cuando se teme que las cosas empeoren si no se hace algo, puede sentirse uno impulsado a la acción. Pero no es bueno sentir tanto miedo que le impida a uno hacer nada.

Miró a la derecha, hacia la parte del laberinto donde nunca había estado, y sintió temor.

Luego, inspiró profundamente, giró hacia la derecha y empezó a internarse en el laberinto, caminando lentamente en dirección a lo desconocido.

Mientras trataba de encontrar su camino, Haw pensó que quizá había esperado demasiado tiempo en el depósito de Queso Q. Hacía ya tantos días que no comía Queso que ahora se sentía débil. Como consecuencia de ello, le resultó más laborioso y complicado de lo habitual el abrirse paso por el laberinto. Decidió que, si volvía a tener la oportunidad, abandonaría antes su zona de comodidad y se adaptaría con mayor rapidez al cambio. Eso le facilitaría las cosas en el futuro.

Luego, esbozó una suave sonrisa al tiempo que pensaba: «Más vale tarde que nunca».

Durante algunos días fue encontrando un poco de Queso aquí y allá, pero nada que durase mucho tiempo. Había confiado en encontrar Queso suficiente para llevarle algo a Hem y animarlo a que lo acompañara en su exploración del laberinto.

Pero Haw todavía no se sentía bastante seguro de sí mismo. Tenía que admitir que experimentaba confusión en el laberinto. Las cosas parecían haber cambiado desde la última vez que estuvo por allí fuera.

Justo cuando creía estar haciendo progresos, se encontraba perdido en los pasadizos. Parecía como si efectuara su progreso a base de avanzar dos pasos y retroceder uno. Era un verdadero desafío, pero debía reconocer que hallarse de nuevo en el laberinto, a la búsqueda del Queso, no era tan malo como en un principio le había parecido.

A medida que transcurría el tiempo, empezó a preguntarse si era realista por su parte confiar en encontrar Queso Nuevo. Se preguntó si acaso no abrigaba demasiadas esperanzas. Pero luego se echó a reír, al darse cuenta de que, por el momento, no tenía nada que perder.

Cada vez que se notaba desanimado, se recordaba a sí mismo que, en realidad, lo que estaba haciendo, por incómodo que fuese en ese momento, era mucho mejor que seguir en una situación sin Queso. Al menos ahora controlaba la situación, en lugar de dejarse llevar por las cosas que le sucedían.

Entonces se dijo a sí mismo que si Fisgón y

Escurridizo habían sido capaces de seguir adelante, ¡también podía hacerlo él!

Más tarde, al considerar todo lo ocurrido, comprendió que el Queso del depósito de Queso Q no había desaparecido de la noche a la mañana, como en otro tiempo creyera. Hacia el final, la cantidad de Queso que encontraban había ido disminuyendo y lo que quedaba se había vuelto rancio. Su sabor ya no era tan bueno.

Hasta era posible que en el Queso Viejo hubiera empezado a aparecer moho, aunque él no se hubiera dado cuenta. Debía admitir, no obstante, que si hubiese querido, probablemente habría podido imaginar lo que se le venía encima. Pero no lo había hecho.

Ahora se daba cuenta de que, probablemente, el cambio no le habría pillado por sorpresa si se hubiese mantenido vigilante ante lo que ocurría y se hubiese anticipado al cambio. Quizá fuera eso lo que hicieron Fisgón y Escurridizo.

Decidió que, a partir de ahora, se mantendría mucho más alerta. Esperaría a que se produjese el cambio y saldría a su encuentro. Confiaría en su instinto básico para percibir cuándo se iba a producir el cambio y estaría preparado para adaptarse a él.

Se detuvo para descansar y escribió en la pared del laberinto:

Olfatea el Queso con
frecuencia para saber
cuándo comienza a
enmohecerse.

Algo más tarde, después de no haber encontrado Queso alguno durante lo que le parecía mucho tiempo, Haw se encontró finalmente con un enorme depósito de Queso que le pareció prometedor. Al entrar en él, sin embargo, se sintió muy decepcionado al descubrir que se hallaba completamente vacío.

«Esta sensación de vacío me ha ocurrido con demasiada frecuencia», pensó. Y sintió deseos de abandonar la búsqueda.

Poco a poco, perdía su fortaleza física. Sabía que estaba perdido y temía no poder sobrevivir. Pensó en darse media vuelta y regresar hacia el depósito de Queso Q. Al menos, si lograba llegar hasta ella y Hem seguía allí, no se sentiría tan solo. Entonces se hizo de nuevo la misma pregunta: «¿Qué haría si no tuviera miedo?».

Haw creía haber dejado el miedo atrás, pero en realidad experimentaba miedo con mucha mayor frecuencia de lo que le gustaba tener que admitir, incluso para sus adentros. No siempre estaba seguro de saber de qué tenía miedo, pero, en el debilitado estado en que se hallaba, ahora ya sabía que se trataba, simplemente, de miedo a seguir solo. Haw no lo sabía, pero se retrasaba debido a que sus temerosas convicciones todavía pesaban demasiado sobre él.

Se preguntó si Hem se habría movido de donde estaba o si continuaba paralizado por sus propios temores. Entonces, recordó las ocasiones en que se sintió en su mejor forma en el laberinto. Eran precisamente aquellas en las que avanzaba.

Consciente de que se trataba más de un recordatorio para sí mismo, antes que de un mensaje para Hem, escribió esperanzado lo siguiente en la pared:

El movimiento hacia
una nueva dirección
te ayuda a encontrar
Queso Nuevo

Haw miró hacia el oscuro pasadizo y percibió el temor que sentía. ¿Qué habría allá delante? ¿Estaría vacío? O, lo que era peor, ¿le acechaban peligros ignotos? Empezó a imaginar todas las cosas aterradoras que podían ocurrirle. Él mismo se infundía un miedo mortal.

Entonces, se echó a reír de sí mismo. Se dio cuenta de que sus temores no hacían sino empeorar las cosas. Así pues, hizo lo que haría si no tuviera miedo. Echó a caminar en una nueva dirección.

Al iniciar el descenso por el oscuro pasadizo, sonrió. Todavía no se daba cuenta, pero empezaba a descubrir qué era lo que nutría su alma. Se dejaba llevar y confiaba en lo que le esperaba más adelante, aunque no supiera exactamente qué era.

Ante su sorpresa, Haw empezó a disfrutar cada vez más. «¿Cómo es posible que me sienta tan bien? —se preguntó—. No tengo Queso alguno y no sé a dónde voy.»

Al cabo de poco tiempo, supo por qué se sentía bien.

Se detuvo para escribir de nuevo sobre la pared:

Cuando dejas
atrás tus temores,
te sientes libre.

Haw se dio cuenta de que había permanecido prisionero de su propio temor. El hecho de moverse en una nueva dirección lo había liberado.

Ahora notó la brisa fría que soplaba en esta parte del laberinto y que le refrescaba. Respiró profundamente y se sintió vigorizado por el movimiento. Una vez superado el miedo, resultó que podía disfrutar mucho más de lo que hubiera creído posible.

Haw no se sentía tan bien desde hacía mucho tiempo. Casi se le había olvidado lo muy divertido que podía ser lanzarse a la búsqueda de algo.

Para mejorar aún más las cosas, empezó a formarse de nuevo una imagen en su mente. Se vio a sí mismo con gran detalle realista, sentado en medio de un montón de sus quesos favoritos, desde el cheddar hasta el brie. Se imaginó comiendo tanto queso como quisiera y se regodeó con esa imagen. Luego, pensó en lo mucho que disfrutaría con estos exquisitos sabores.

Cuanto más claramente concebía la imagen de sí mismo disfrutando con el Queso Nuevo, tanto más real y verosímil se hacía ésta. Estaba seguro de que terminaría por encontrarlo.

Escribió entonces:

Imaginarme
disfrutando de Queso
Nuevo antes incluso
de encontrarlo me
conduce hacia él.

Haw siguió pensando en lo que podía ganar, en lugar de detenerse a pensar en lo que perdía.

Se preguntó por qué siempre le había parecido que un cambio le conduciría a algo peor. Ahora se daba cuenta de que el cambio podía conducir a algo mejor.

«¿Por qué no me di cuenta antes?», se preguntó a sí mismo.

Luego, siguió caminando presuroso por el laberinto, infundido de nueva fortaleza y agilidad. Al cabo de poco tiempo distinguió un depósito de Queso y se sintió muy animado al observar pequeños trozos de Queso Nuevo cerca de la entrada.

Encontró tipos de Queso que nunca había visto con anterioridad, pero que ofrecían un aspecto magnífico. Los probó y le parecieron deliciosos. Se comió la mayor parte de los trozos de Queso Nuevo que encontró y se guardó unos pocos para comerlos más tarde y quizá compartirlos con Hem. Empezó a recuperar su fortaleza.

Entró en el depósito de Queso sintiéndose muy animado. Pero, para su consternación, descubrió que estaba vacía. Alguien más había estado ya allí, dejando sólo unos pocos trozos de Queso nuevo.

Llegó a la conclusión de que, si hubiera llegado antes, muy probablemente habría encontrado una buena provisión de Queso Nuevo.

Decidió regresar para comprobar si Hem se animaba a unirse a él en la búsqueda de Queso Nuevo.

Mientras volvía sobre sus pasos, se detuvo y escribió en la pared:

Cuanto más
rápidamente te
olvides del Queso
Viejo, antes
encontrarás el
Queso Nuevo.

Al cabo de un rato, Haw inició el regreso al depósito de Queso Q y encontró a Hem, a quien ofreció unos trozos de Queso Nuevo, que este rechazó.

Hem apreció el gesto de su amigo, pero le dijo:

—No creo que me vaya a gustar el Queso Nuevo. No es a lo que estoy acostumbrado. Quiero que me devuelvan mi *propio* Queso, y no voy a cambiar hasta que no consiga lo que deseo.

Haw se limitó a sacudir la cabeza con pesar, decepcionado. Algo más tarde, de mala gana, volvió a marcharse solo. Mientras regresaba hasta el punto más alejado que había alcanzado en el laberinto, echó de menos a su amigo, pero esos pensamientos desaparecieron en cuanto se dio cuenta de lo mucho que le agradaba lo que estaba descubriendo. Antes incluso de encontrar lo que confiaba fuese una gran provisión de Queso Nuevo, si es que la encontraba alguna vez, ya sabía que no era únicamente el tener Queso lo que le hacía sentirse tan feliz.

Se sentía feliz por el simple hecho de no permitir que el temor dictaminara sus decisiones. Le gustaba lo que estaba haciendo ahora.

Consciente de ello, Haw no se sintió tan débil como cuando estaba en el depósito de Queso Q, sin Queso. Experimentó la sensación de tener nuevas fuerzas por el simple hecho de saber que no iba a permitir que su temor le detuviera, y que había tomado una nueva dirección, alimentado por ese conocimiento.

Ahora, estaba convencido de que encontrar lo que necesitaba sólo era cuestión de tiempo. De hecho, tuvo la impresión de haber descubierto ya lo que andaba buscando.

Sonrió al darse cuenta:

Es más seguro buscar en el laberinto que permanecer en una situación sin Queso.

Tal como le sucediera antes, comprendió que aquello de lo que se tiene miedo nunca es tan malo como lo que uno se imagina. El temor que se acumula en la mente es mucho peor que la situación que existe en realidad.

Al principio de su nueva búsqueda experimentó tanto miedo de no encontrar nunca Queso Nuevo que ni siquiera deseó empezar a buscarlo. Pero lo cierto es que, desde que iniciara su viaje, había encontrado en los pasadizos Queso suficiente para continuar la búsqueda. Ahora, esperaba con ilusión encontrar más. El simple hecho de mirar hacia delante ya resultaba estimulante.

Su antigua forma de pensar se había visto nublada por sus preocupaciones y temores. Antes solía pensar en no tener Queso suficiente o en que este no durase tanto como deseaba. Pensaba más en lo que pudiera salir mal que en lo que podía salir bien.

Pero eso cambió por completo desde que saliera por primera vez del depósito de Queso Q.

Antes pensaba que nunca deberían haberles cambiado el Queso de sitio y que ese cambio no era justo.

Ahora se daba cuenta de que era natural que el cambio se produjese continuamente, tanto si uno lo espera como si no. El cambio sólo le sorprende a uno si no lo espera ni cuenta con él.

Al comprender repentinamente que había cambiado sus convicciones, se detuvo para escribir en la pared:

Las viejas
convicciones
no te conducen
al Queso Nuevo.

Haw no había encontrado aún Queso, pero mientras recorría el laberinto pensó en todo lo aprendido hasta entonces.

Ahora comprendía que sus nuevas convicciones estaban favoreciendo la adopción de nuevos comportamientos. Se comportaba de modo muy diferente a como lo hacía cuando regresó al depósito sin Queso, en busca de Hem.

Sabía que, al cambiar las convicciones, también se cambia lo que se hace.

Uno puede estar convencido de que un cambio le causará daño y resistirse por tanto al mismo; o bien puede creer que encontrar Queso Nuevo le ayudará, y entonces acepta el cambio.

Todo depende de lo que uno prefiera creer.

Así que escribió en la pared:

Al comprender que
puedes encontrar
Queso Nuevo y
disfrutarlo, cambias el
curso que sigues.

Haw sabía ahora que habría estado en mejor forma si hubiera afrontado el cambio mucho más rápidamente y abandonado antes el depósito de Queso Q. Se habría sentido más fuerte de cuerpo y espíritu y podría haber afrontado mucho mejor el desafío de encontrar Queso nuevo. De hecho, quizá ya lo habría encontrado a estas alturas si hubiese esperado el cambio y permanecido atento, en lugar de desperdiciar el tiempo negando que ese cambio ya se había producido.

Utilizó de nuevo su imaginación y se vio a sí mismo descubriendo y saboreando el Queso Nuevo. Decidió continuar por las zonas más desconocidas del laberinto y encontró pequeños trozos de queso aquí y allá. Haw empezó a recuperar su fortaleza y seguridad en sí mismo.

Al pensar en el lugar del que procedía, se sintió contento de haber escrito frases en la pared, en tantos lugares diferentes de su andadura. Confiaba en que eso sirviera como una especie de sendero marcado que Hem pudiera seguir a través del laberinto, si es que alguna vez se decidía a abandonar el depósito de Queso Q.

Haw sólo confiaba en estar dirigiéndose en la dirección correcta. Pensó en la posibilidad de que Hem leyera las frases escritas en la pared y encontrara su camino.

Escribió en la pared lo que venía pensando desde hacía algún tiempo:

Observar pronto los pequeños cambios te ayuda a adaptarte a los grandes cambios por venir.

Para entonces, Haw ya se había desprendido del pasado y se estaba adaptando con efectividad al presente.

Continuó por el laberinto con mayor fortaleza y velocidad. Y, entonces, no tardó en suceder lo que tanto anhelaba.

Cuando ya tenía la impresión de estar perdido en el laberinto desde hacía una eternidad, su viaje, o al menos esta parte del mismo, terminó felizmente y con sorprendente rapidez.

Haw siguió por un pasadizo que le resultaba nuevo, dobló una esquina y allí encontró el Queso Nuevo en el depósito Queso N.

Al entrar en ella, quedó asombrado ante lo que vio. Allí amontonado estaba el mayor surtido de Queso que hubiera visto jamás. No reconoció todos los que vio, ya que algunas clases eran nuevas para él.

Por un momento, se preguntó si se trataba de algo real o sólo era el producto de su imaginación, hasta que descubrió la presencia de sus viejos amigos Fisgón y Escurridizo.

Fisgón le dio la bienvenida con un gesto de la cabeza, y Escurridizo hasta lo saludó con una de sus patas. Sus pequeños y gruesos vientres demostraban que ya llevaban allí desde hacía algún tiempo.

Haw los saludó con rapidez y pronto se dedicó a probar bocados de cada uno de sus Quesos favoritos. Se quitó las zapatillas de correr, les ató los cordones y se las colgó del cuello por si acaso las necesitaba de nuevo. Fisgón y Escurridizo se echaron a reír. Asintieron con gestos de cabeza, como muestra de admiración. Luego, Haw se lanzó hacia el Queso nuevo. Una vez que se hartó, levantó un trozo de Queso fresco e hizo un brindis.

—¡Viva el cambio!

Mientras disfrutaba del Queso nuevo, reflexionó sobre lo que había aprendido.

Comprendió que en aquellos momentos en los que temía cambiar, no había hecho sino aferrarse a la ilusión de que el Queso Viejo ya no estaba allí.

Entonces, ¿qué le había hecho cambiar? ¿Acaso el temor de morir de hambre? No pudo evitar una sonrisa al pensar que, en efecto, eso le había ayudado.

Luego se echó a reír al darse cuenta de que había empezado a cambiar en cuanto aprendió a reírse de sí mismo y de todo lo que hacía mal. Comprendió que la forma más rápida de cambiar consistía en reírse de la propia estupidez, pues sólo así puede uno desprenderse de ella y seguir rápidamente su camino.

Era consciente de haber aprendido algo útil de sus amigos ratones, Fisgón y Escurridizo, algo importante sobre seguir adelante. Ellos procuraban que la vida fuese simple. No analizaban en exceso ni supercomplicaban las cosas. En cuanto cambió la situación y el Queso cambió de sitio, ellos también cambiaron y se trasladaron con el Queso. Eso era algo que nunca olvidaría.

Haw también había utilizado su maravilloso cerebro para hacer aquello que los liliputienses saben hacer mejor que los ratones.

Se imaginó a sí mismo, con todo detalle realista, encontrando algo mejor…, mucho mejor.

Reflexionó sobre los errores que había cometido en el pasado y los utilizó para planificar para el futuro. Ahora sabía que se puede aprender a afrontar el cambio.

Se puede ser más consciente de la necesidad de procurar que las cosas sean simples, de ser flexible y moverse con rapidez.

No hay necesidad alguna de supercomplicar las cosas o de confundirse uno mismo con temerosas creencias.

Hay que permanecer atento para detectar cuándo empiezan los pequeños cambios y estar así mejor preparado para el gran cambio que puede llegar a producirse.

Conocía ahora la necesidad de adaptarse con mayor rapidez, pues si uno no se adapta a tiempo, es muy posible que ya no pueda hacerlo.

Debía admitir que el mayor inhibidor del cambio se encuentra dentro de uno mismo, y que nada puede mejorar mientras no cambie uno mismo.

Y, quizá lo más importante, se dio cuenta de que siempre hay Queso nuevo ahí fuera, tanto si uno sabe reconocerlo a tiempo como si no. Y que uno se ve recompensado con él en cuanto se dejan atrás los temores y se disfruta con la aventura.

También sabía que es necesario respetar algunos temores, capaces de evitarle a uno el verdadero peligro. Pero ahora comprendía que la mayoría de sus temores eran irracionales y que le habían impedido cambiar cuando más lo necesitaba.

En su momento no le gustó admitirlo, pero sabía que el cambio había resultado ser una bendición disfrazada, puesto que le condujo a encontrar un Queso mejor.

Había descubierto incluso una mejor parte de sí mismo.

Al recordar todo lo aprendido, pensó en su amigo Hem. Se preguntó si habría leído algunas de las frases escritas en la pared del depósito Q y a lo largo de todo el camino seguido a través del laberinto.

¿Había tomado Hem la decisión de desprenderse del pasado y seguir adelante? ¿Había entrado en el laberinto y descubierto que podía mejorar su vida?

¿O se encontraba todavía paralizado porque no quería cambiar?

Haw pensó en regresar al depósito de Queso Q, para ver si podía encontrar a Hem, confiando en su capacidad para regresar de nuevo hasta aquí. Pensó que si hablaba con Hem podría mostrarle cómo salir de la difícil situación en que se hallaba. Pero entonces comprendió que ya había intentado que su amigo cambiara.

Hem tendría que encontrar su propio camino, ir más allá de sus propias comodidades y temores. Eso era algo que nadie podría hacer por él, de lo que nadie podría convencerlo. De algún modo tenía que comprender la ventaja de cambiar por sí mismo.

Haw sabía que había dejado atrás un rastro para Hem, y que si este quería, encontraría el camino limitándose a leer las frases escritas en la pared.

Se acercó ahora a la pared más grande del depósito de Queso N y escribió un resumen de todo lo aprendido. Dibujó primero un gran trozo de queso y en su interior escribió las frases. Luego, al repasar lo escrito, sonrió:

El cambio ocurre
El Queso no cesa de moverse

Anticípate al cambio
Prepárate para cuando se mueva el Queso

Controla el cambio
Olfatea el Queso con frecuencia
para saber cuándo se vuelve rancio

Adáptate al cambio con rapidez
Cuanto más rápidamente te olvides del Queso
Viejo, antes podrás disfrutar del Queso Nuevo.

Cambia
Muévete con el Queso

¡Disfruta del cambio!
Saborea la aventura y disfruta del sabor
del Queso Nuevo

Prepárate para cambiar con rapidez y para disfrutarlo una y otra vez
El Queso no cesa de moverse

Haw comprendió lo lejos que había llegado desde la última vez que estuviera con Hem, en el depósito de Queso Q, pero sabía que le resultaría muy fácil volver atrás si se dormía en los laureles. Así que cada día inspeccionaba con atención el depósito de Queso N, para comprobar en qué estado se encontraba su Queso. Estaba dispuesto a hacer todo lo que pudiera para evitar verse sorprendido por un cambio inesperado.

Aunque disponía de un gran suministro de Queso, realizó frecuentes salidas por el laberinto, dedicándose a explorar zonas nuevas, para mantenerse en contacto con lo que estaba sucediendo a su alrededor. Sabía que era mucho más seguro conocer lo mejor posible las verdaderas alternativas de que disponía, antes que aislarse en su zona de comodidad.

En una de tales ocasiones, escuchó lo que le pareció fue el sonido de un movimiento allá al fondo, en los recovecos del laberinto. A medida que el sonido se hizo más intenso, se dio cuenta de que se acercaba alguien.

¿Podía ser Hem, que llegaba? ¿Estaría a punto de doblar la esquina más cercana?

Haw rezó una breve plegaria para sus adentros y se limitó a confiar, como tantas veces hiciera últimamente, en que quizá, por fin, su amigo fuera finalmente capaz de...

¡Moverse con
el Queso y
disfrutarlo!

Fin...

¿O acaso es sólo un nuevo principio?

Un debate
Algo más tarde,
ese mismo día

Cuando Michael terminó de contar la historia, miró a su alrededor y observó que sus antiguos compañeros de clase le sonreían.

Varios le dieron las gracias y le aseguraron que sacarían buen provecho de aquella narración.

—¿Qué os parecería si nos reuniéramos más tarde para comentarla un poco? —le planteó Nathan al grupo.

La mayoría de ellos contestaron que les encantaría hablar sobre lo que acababan de escuchar, así que dispusieron encontrarse más tarde para tomar una copa antes de cenar.

Esa noche, reunidos en el salón del hotel, empezaron a bromear unos con otros acerca de encontrar su «Queso» y verse a sí mismos metidos en el laberinto.

Entonces, con toda naturalidad, Angela preguntó a los miembros del grupo:

—Y bien, ¿quiénes erais cada uno de vosotros en la narración? ¿Fisgón, Escurridizo, Hem o Haw?

—Precisamente esta tarde me dediqué a pensar en eso —contestó Carlos—. Recuerdo con claridad una época, antes de que iniciara mi empresa de artículos deportivos, en la que tuve un duro encontronazo con el cambio.

»En aquella situación no fui Fisgón, desde luego, porque no husmeé la situación ni detecté a tiempo el cambio que se estaba produciendo y ciertamente tampoco fui Escurridizo: no entré en acción inmediatamente.

»Más bien fui como Hem, que quería permanecer en territorio conocido. Lo cierto es que... Lo cierto es que no quería tener nada que ver con el cambio. Ni siquiera deseaba verlo.

Michael, para quien el tiempo no parecía haber transcurrido desde los años que él y Carlos fueron tan buenos amigos en la escuela, preguntó:

—¿De qué estás hablando, amigo?

—De un inesperado cambio de trabajo —contestó Carlos.

—¿Te despidieron? —preguntó Michael echándose a reír.

—Bueno, digamos que no quería salir ahí fuera a buscar Queso Nuevo. Creí tener una buena razón por la que el cambio no me ocurriría a mí. Así que, cuando sucedió, me sentí bastante alterado.

Algunos de los antiguos compañeros, que habían guardado silencio al principio, se sintieron más cómodos ahora y empezaron a hablar, incluido Frank, que pertenecía a las Fuerzas Armadas.

—Hem me recuerda a un amigo mío —dijo Frank—. Iban a cerrar su departamento, pero él no quiso darse por enterado. No hacían más que resituar a su gente en otros departamentos. Todos tratamos de convencerlo de las múltiples oportunidades que existían en la empresa para quienes estuvieran dispuestos a ser flexibles, pero a él no le pareció necesario cambiar. Fue el único sorprendido cuando finalmente cerraron su departamento. Ahora lo está pasando muy mal, tratando de adaptarse a un cambio que no creía que pudiera producirse.

—Yo tampoco creí que me pudiera suceder a mí —dijo Jessica—, pero lo cierto es que también han cambiado mi «Queso» de sitio en más de una ocasión, sobre todo en mi vida personal, aunque de eso podemos hablar más tarde si queréis.

Algunos del grupo se echaron a reír, excepto Nathan.

—Quizá se trate precisamente de eso —dijo Nathan—. El cambio es algo que nos ocurre a todos. Me habría gustado que mi familia escuchara mucho antes esta fábula del Queso. Lamentablemente, no quisimos ver los cambios que se nos avecinaban en nuestro negocio y ahora ya es demasiado tarde, porque vamos a tener que cerrar muchas de nuestras tiendas.

La noticia sorprendió a muchos miembros del grupo, convencidos de que Nathan era muy afortunado por dirigir un negocio en cuyos beneficios y buena marcha podía confiar, año tras año.

—¿Qué ocurrió? —quiso saber Jessica.

—Nuestra cadena de pequeñas tiendas se quedó repentinamente anticuada cuando llegaron los grandes supermercados a la ciudad, con sus enormes existencias y bajos precios. Simplemente, no pudimos competir con ellos.

»Ahora me doy cuenta de que, en lugar de ser como Fisgón y Escurridizo, fuimos como Hem. Nos quedamos donde estábamos y no cambiamos. Tratamos de ignorar lo que estaba sucediendo y ahora nos vemos metidos en graves problemas. Podríamos haber aprendido un buen par de lecciones de Haw ya que, ciertamente, no fuimos capaces de reírnos de nosotros mismos y cambiar lo que estábamos haciendo.

Laura, que había llegado a convertirse en una importante mujer de negocios, había escuchado con atención, pero sin intervenir. Ahora dijo:

—Esta tarde también he pensado en esa narración. Me pregunté cómo podía ser más como Haw y ver qué estaba haciendo mal, reírme de mí misma, cambiar y conseguir que las cosas fuesen mejor. Siento curiosidad —añadió tras una pausa—. ¿Cuántos de los presentes tenéis miedo al cambio? —Nadie respondió, así que sugirió—: ¿Qué os parece si levantáis la mano?

Sólo se levantó una mano.

—Bueno, por lo menos contamos con una persona sincera en el grupo —dijo Laura—. Quizá os guste más la siguiente pregunta: ¿cuántos, de los aquí presentes, creéis que los demás le tienen miedo al cambio?

Prácticamente todos levantaron la mano. Fue entonces cuando se echaron a reír.

—¿Qué nos enseña eso?

—Negación —contestó Nathan.

—Desde luego —admitió Michael—. A veces ni siquiera somos conscientes de que tenemos miedo. Yo sé que no lo tuve. Al escuchar el cuento por primera vez, me encantó aquella pregunta que Haw se hace en un momento determinado: «¿Qué harías si no tuvieras miedo?».

—Lo que yo he sacado en claro —dijo Jessica— es que el cambio ocurre en todas partes y que haré mucho mejor en adaptarme a él con rapidez en cuanto ocurra.

»Recuerdo lo sucedido hace años, cuando

nuestra empresa vendía las enciclopedias que producíamos como un conjunto de más de veinte libros. Una persona intentó convencernos de que debíamos introducir toda la enciclopedia en un solo disco de ordenador y venderlo por una fracción del precio que cobrábamos. Nos aseguró que de ese modo sería más fácil de actualizar, nos costaría mucho menos de fabricar y habría mucha más gente capaz de comprarla. Pero todos nos resistimos a aceptar la idea.

—¿Por qué os resististeis? —quiso saber entonces Nathan.

—Porque todos estábamos convencidos de que la espina dorsal de nuestro negocio se encontraba en nuestro gran equipo de ventas, dedicado a visitar a la gente puerta a puerta. El mantenimiento del equipo de ventas dependía de las grandes comisiones que se ganaban, gracias al elevado precio de nuestro producto. Llevábamos haciendo lo mismo con éxito desde hacía muchos años, y creímos poder seguir haciéndolo para siempre.

—Quizá la historia de Hem y Haw se refiriese a eso cuando habla de la arrogancia del éxito —comentó Laura—. No se dieron cuenta de que necesitaban cambiar algo que hasta entonces les había funcionado muy bien.

—Y pensasteis que vuestro viejo Queso era vuestro único Queso.

—En efecto, y quisimos aferrarnos a eso.

—Al pensar ahora en lo que nos ocurrió, comprendo que no se trata únicamente de que «nos cambiaran el Queso de sitio», sino de que el Queso parece tener vida propia y, finalmente, se acaba.

»En cualquier caso, lo cierto es que no cambiamos. Pero un competidor sí cambió y nuestras ventas se hundieron. Pasamos por momentos muy difíciles. Ahora se está produciendo otro gran cambio tecnológico en la industria y parece como si en la empresa no hubiera nadie dispuesto a tomar conciencia de ello. Las perspectivas no son nada buenas y creo que pronto me quedaré sin trabajo.

—¡Es hora de explorar el laberinto! —exclamó Carlos.

Todos se echaron a reír, incluida Jessica. Carlos se volvió hacia ella y le dijo:

—Es bueno que seas capaz de reírte de ti misma.

—Eso fue precisamente lo que yo saqué en claro del relato —intervino Frank—. Tiendo a tomarme demasiado en serio a mí mismo. Observé cómo Haw cambió cuando finalmente pudo reírse de sí mismo y de lo que estaba haciendo. No es nada extraño que lo llamaran Haw.

—¿Creéis que Hem cambió alguna vez y encontró el Queso Nuevo? —preguntó Angela.

—Yo diría que sí —contestó Elaine.

—Pues yo no estoy tan segura —dijo Cory—. Algunas personas no cambian nunca, y pagan por ello un precio muy alto. En mi consulta médica veo a gente como Hem. Se sienten con derecho a disfrutar de su «Queso». Cuando se les arrebata, se sienten como víctimas y le echan la culpa a otros. Enferman con mucha mayor frecuencia que aquellas otras personas que dejan atrás el pasado y siguen avanzando.

Entonces, casi como si hablara consigo mismo, Nathan dijo en voz baja:

—Supongo que la cuestión es: ¿de qué necesitamos desprendernos y hacia qué necesitamos seguir avanzando?

Durante un rato, nadie dijo nada.

—Debo admitir —siguió diciendo Nathan— que me di cuenta de lo que estaba sucediendo con tiendas como las nuestras en otras partes del país, pero confiaba en que eso no nos afectaría a nosotros. Supongo que es mucho mejor iniciar el cambio mientras aún se puede, en lugar de tratar de reaccionar y adaptarse a él una vez que ha ocurrido. Quizá seamos nosotros mismos los que debamos cambiar de sitio nuestro Queso.

—¿Qué quieres decir? —preguntó Frank.

—No dejo de preguntarme dónde estaríamos hoy si hubiéramos vendido la propiedad donde se hallaban instaladas nuestras viejas tiendas y hubiésemos construido un gran supermercado capaz de competir con el mejor de ellos.

—Quizá Haw se refirió a eso al escribir en la pared algo así como: «Saborea la aventura y muévete con el Queso» —comentó Laura.

—Creo que algunas cosas no deberían cambiar —dijo Frank—. Por ejemplo, deseo aferrarme a mis valores básicos. No obstante, ahora comprendo que estaría mucho mejor, si me hubiera movido antes en la vida, siguiendo al «Queso».

—Bueno, Michael, ha sido una bonita parábola —intervino Richard, el escéptico de la clase—, pero ¿cómo la pusiste en práctica en tu empresa?

El grupo no lo sabía aún, pero el propio Richard también estaba experimentando algunos cambios. Recientemente se había separado de su esposa y ahora trataba de compaginar su carrera profesional con la educación de sus hijos adolescentes.

—Bueno —contestó Michael—, pensé que mi trabajo consistía simplemente en gestionar los problemas cotidianos tal como se presentaban. Lo que debería haber hecho, en realidad, era mirar hacia delante y prestar atención a lo que sucedía a mi alrededor.

»¡Y vaya si gestionaba los problemas! ¡Durante veinticuatro horas al día! No resultaba muy divertido estar a mi lado. Me encontraba en medio de una competencia feroz de la que no podía salir.

—Lo que hacías era gestionar —le dijo Laura—, cuando deberías haberte dedicado a dirigir.

—Exactamente —asintió Michael—. Entonces, al escuchar el cuento de *¿Quién se ha llevado mi queso?*, me di cuenta de que mi trabajo debía ser el de trazar una imagen del «Queso Nuevo» que todos deseáramos alcanzar, para que pudiéramos disfrutar cambiando y teniendo éxito, ya fuese en el trabajo o en la vida.

—¿Qué hiciste en el trabajo? —preguntó Nathan.

—Bueno, al preguntar a la gente de nuestra empresa con qué personajes de la narración se identificaban, comprendí que en nuestra organización se hallaban representados los cuatro personajes. Empecé a ver a los Fisgones y a los Escurridizos, a los Hem y los Haw, a cada uno de los cuales había que tratar de un modo diferente.

»Nuestros Fisgones eran capaces de olfatear los cambios que se estaban produciendo en el mercado, así que nos ayudaron a actualizar nuestra visión empresarial. Los animamos a identificar en qué podían desembocar aquellos cambios, en cuanto a nuevos productos y servicios deseados por nuestros clientes. Eso les encantó, y nos hicieron saber que les entusiasmaba trabajar en una empresa capaz de reconocer el cambio y adaptarse a tiempo.

»A los Escurridizos les gustaba hacer las cosas, así que se los animó a hacerlas, basándose en la nueva visión empresarial. Sólo necesitaban un poco de control para que no se apresuraran a seguir una dirección equivocada. Se los recompensó entonces por aquellas acciones que nos aportaban Queso Nuevo, y a ellos les encantó trabajar en una empresa que valoraba la acción y los resultados.

—¿Y qué me dices de los Hem y los Haw? —preguntó Angela.

—Lamentablemente, los Hem eran las anclas que nos dificultaban el avance —contestó Michael—. O bien se sentían demasiado cómodos, o bien le tenían demasiado miedo al cambio. Algunos de ellos sólo cambiaron cuando captaron la visión razonable que les presentamos, en la que se demostraba cómo el cambio funcionaría en su propio beneficio.

»Nuestros Hem nos dijeron que deseaban trabajar en un lugar en el que se sintieran seguros, de modo que los cambios habían de tener sentido para ellos y aumentar su sensación de seguridad. Al comprender el verdadero peligro que les acechaba si no cambiaban, algunos lo hicieron y les fue bien. La visión empresarial nos ayudó a transformar a muchos de nuestros Hem en Haw.

—¿Qué hicisteis con los Hem que no cambiaron? —preguntó Frank.

—Tuvimos que despedirlos —contestó Michael con pesar—. Queríamos conservar a todos nuestros empleados, pero sabíamos que si nuestro negocio no se transformaba con suficiente rapidez, todos sufriríamos las consecuencias y tendríamos graves problemas.

»Lo mejor de todo es que, si bien al principio nuestros Haw se mostraron vacilantes, fueron lo bastante abiertos para aprender algo nuevo, actuar de modo diferente y adaptarse a tiempo para ayudarnos a tener éxito.

»Pasaron a esperar el cambio y hasta lo buscaron activamente. Al comprender la naturaleza humana, nos ayudaron a pintar una visión realista del Queso Nuevo. Una visión que tenía sentido común prácticamente para todos.

»Nos dijeron que querían trabajar en una organización que diera a la gente seguridad en sí misma y herramientas para el cambio. Y nos ayudaron a conservar nuestro sentido del humor, al tiempo que íbamos tras nuestro Queso Nuevo.

—¿Y sacaste todo eso de un cuento tan sencillo? —preguntó Richard.

—No fue el cuento, sino aquello que *hicimos* de modo diferente, basándonos en lo que tomamos de él —contestó Michael con una sonrisa.

—Yo soy un poco como Hem —admitió Angela—, así que, para mí, la parte más poderosa de la narración fue el momento en que Haw se ríe de sus propios temores y se hace una imagen en su mente en la que se ve a sí mismo disfrutando de «Queso Nuevo». Eso le permitió adentrarse en el laberinto con menos temor y disfrutar más de la aventura. Y finalmente le fueron mejor las cosas. Eso es lo que casi siempre deseo hacer.

—De modo que hasta los Hem comprenden a veces las ventajas del cambio —comentó Frank con una sonrisa burlona.

—Como la ventaja de conservar sus puestos de trabajo —dijo Carlos echándose a reír.

—O incluso la de conseguir un buen aumento de sueldo —añadió Angela con picardía.

Richard, que no había dejado de mantener el ceño fruncido durante toda la conversación, dijo ahora:

—Mi director no hace más que decirme que nuestra empresa necesita cambiar. Creo que me quiere dar a entender que soy *yo* el que necesita cambiar, pero quizá no lo haya querido comprender así hasta ahora. Supongo que en ningún momento me di cuenta de qué era eso del «Queso Nuevo», o de lo que el director trataba de decirme. Oh, creo que haberlo comprendido me va a venir muy bien.

Una ligera sonrisa cruzó por la cara de Richard, que al cabo de un rato añadió:

—Debo admitir que me agrada esa idea de ver «Queso Nuevo» y de imaginarme disfrutando con su sabor. Eso me anima mucho. En cuanto uno comprende cómo se pueden mejorar las cosas, se interesa más por conseguir que se produzca el cambio. Quizá pudiera utilizar eso en mi vida personal —añadió—. Mis hijos parecen pensar que nada en su vida debería cambiar nunca. Supongo que actúan como Hem y que se sienten coléricos. Probablemente, temen lo que les depare el futuro. Quizá no les haya pintado una imagen muy realista del «Queso Nuevo», probablemente porque ni siquiera yo mismo la he podido ver.

El grupo guardó silencio, mientras varios de los presentes pensaban en sus propias vidas.

—Bueno —dijo finalmente Jessica—, la mayoría de la gente habla sobre puestos de trabajo, pero mientras escuchaba contar la historia pensé en mi vida personal. Creo que mi relación actual es «Queso Viejo» que está muy enmohecido.

Cory se echó a reír, mostrándose muy de acuerdo.

—A mí me ocurre lo mismo. Probablemente necesito desprenderme de una mala relación.

—O, quizá, el «Queso Viejo» no sea más que viejos comportamientos —intervino Angela—. De lo que realmente necesitamos desprendernos es del comportamiento que provoca nuestra mala relación, y pasar luego a una mejor forma de pensar y de actuar.

—Buena observación —reaccionó Cory—. El Queso nuevo puede ser una relación nueva con la misma persona.

—Empiezo a pensar que en todo esto hay mucho más de lo que me imaginaba —dijo Richard—. Me gusta la idea de desprenderme del comportamiento antiguo, en lugar de dejar la relación. Repetir el mismo comportamiento no hará sino obtener los mismos resultados.

»Por lo que se refiere al trabajo, quizá en lugar de cambiar de puesto de trabajo debería cambiar mi forma de hacer el trabajo. Probablemente, si lo hubiera hecho antes así, ahora ya ocuparía un mejor puesto.»

Becky, que vivía en otra ciudad, pero que había vuelto para participar en la reunión, dijo:

—Mientras escuchaba la narración y los comentarios que hacíais, no he podido evitar reírme de mí misma. He sido una Hem durante mucho tiempo, temerosa del cambio. No sabía que hubiera tanta gente que hiciera lo mismo. Temo haber transmitido esa actitud a mis hijos, sin siquiera saberlo.

»Ahora que lo pienso, me doy cuenta de que el cambio puede conducirla a una realmente a un lugar nuevo y mejor, aunque en el momento en que se avecina no lo parezca así y tengamos miedo.

»Recuerdo lo que sucedió el año en que nuestro hijo ingresó en el primer curso de la escuela superior. El trabajo de mi esposo nos obligó a trasladarnos desde Illinois a Vermont y nuestro hijo se alteró bastante porque tenía que dejar a sus amigos. Era muy buen nadador y la escuela superior de Vermont no contaba con equipo de natación. Así que se enojó mucho con nosotros por obligarlo a acompañarnos.

»Resultó que se enamoró de las montañas de Vermont, empezó a esquiar, ingresó en el equipo de esquí del colegio y ahora vive felizmente en Colorado.

»Si todos hubiéramos disfrutado juntos de esta historia de Queso, tomando una buena taza de chocolate caliente, le habríamos ahorrado mucho estrés a nuestra familia.

—En cuanto regrese a casa se la contaré a mi familia —dijo Jessica—. Les preguntaré a mis hijos quién creen que soy, si Fisgón, Escurridizo, Hem o Haw, y quiénes creen ser ellos mismos. Podemos hablar sobre lo que nuestra familia percibe como Queso viejo y cuál podría ser para nosotros el Queso Nuevo.

—Esa sí que es una buena idea —admitió Richard, sorprendiendo a todos, incluso a sí mismo.

—Creo que voy a parecerme más a Haw —comentó Frank—. Procuraré cambiar de sitio con el Queso y disfrutarlo. Y también les voy a contar esta narración a mis amigos, a los que les preocupa abandonar el Ejército y lo que ese cambio puede significar para ellos. Eso podría conducirnos a algunas discusiones bastante interesantes.

—El caso es que así fue como mejoramos nuestra empresa —dijo Michael—. Mantuvimos varias reuniones de análisis acerca de lo que podíamos sacar en limpio de la fábula del Queso y cómo podíamos aplicarla a nuestra propia situación.

»Fue estupendo porque, al hacerlo así, tuvimos a nuestra disposición una forma de hablar y de entendernos acerca de cómo afrontar el cambio que hasta resultó divertida. Fue algo muy efectivo, sobre todo después de que empezara a difundirse más profundamente por la empresa.

—¿Qué quieres decir con eso de «más profundamente»? —preguntó Nathan.

—Bueno, cuanto más lejos llegábamos en nuestra organización, tanta más gente encontrábamos con la sensación de tener menos poder. Comprensiblemente, sentían más temor ante lo que el cambio pudiera imponerles desde arriba. Por eso se resistían al cambio.

»En resumidas cuentas, que un cambio impuesto despierta oposición. Pero cuando compartimos la narración del Queso con prácticamente todos los que trabajaban en nuestra organización, eso nos ayudó a transformar nuestra forma de considerar el cambio. Ayudó a todos a reír, o al menos a sonreír ante los viejos temores y a experimentar el deseo de seguir adelante.

»Sólo desearía haberla escuchado antes —terminó diciendo Michael.

—¿Cómo es eso? —preguntó Carlos.

—Porque resulta que cuando empezamos a hacer frente a los cambios, el negocio iba ya tan mal que tuvimos que despedir a parte del personal, como ya he dicho antes, incluidos algunos buenos amigos. Fue algo muy duro para todos nosotros. Sin embargo, los que se quedaron, y también la mayoría de los que tuvieron que marcharse, dijeron que la narración del Queso les había ayudado mucho a ver las cosas de modo diferente y a afrontar mejor las situaciones.

»Los que tuvieron que marcharse y buscar un nuevo puesto de trabajo dijeron que les resultó duro al principio, pero que recordar la narración que les habíamos contado les había ayudado.

—¿Qué fue lo que más les ayudó? —preguntó Angela.

—Una vez que dejaron atrás sus temores —contestó Michael—, me dijeron que lo mejor de todo fue el haberse dado cuenta de que ahí fuera había Queso Nuevo que, simplemente, estaba esperando a que alguien lo encontrara.

»Dijeron tener una imagen del Queso Nuevo en sus mentes, viéndose a sí mismos progresando en un nuevo puesto de trabajo, lo que los hizo sentirse mejor y les ayudó a realizar mejores entrevistas laborales y a obtener mejores puestos.

—¿Y qué me dices de la gente que permaneció en tu empresa? —preguntó Laura.

—Bueno —contestó Michael—, en lugar de quejarse por los cambios cuando se producen, la gente se limita a decir ahora «Ya han vuelto a llevarse el Queso. Busquemos el Queso Nuevo». Eso nos ahorra mucho tiempo y reduce el estrés.

»La gente que hasta entonces se había resistido no tardó en comprender las ventajas de cambiar y hasta ayudaron a producir el cambio.

—¿Por qué crees que cambiaron? —preguntó Cory.

—Cambiaron en cuanto varió la presión de sus compañeros en nuestra empresa. —Después de mirar a los presentes, preguntó—: ¿Qué creéis que sucede en la mayoría de organizaciones en las que habéis estado, cuando la alta dirección anuncia un cambio? ¿Os parece que la mayoría de la gente dice que ese cambio es una gran idea o una mala idea?

—Una mala idea —contestó Frank.

—En efecto —asintió Michael—. ¿Y por qué?

—Porque la gente quiere que las cosas sigan igual —contestó Carlos—, y está convencida de que el cambio será malo para todos ellos. En cuanto alguien dice que el cambio es una mala idea, los demás dicen lo mismo.

—Así es. Cabe incluso la posibilidad de que no sientan realmente de ese modo —corroboró Michael—, pero se muestran de acuerdo con tal de llevarse bien con los demás. Esa es la clase de presión de los compañeros que lucha contra el cambio en cualquier organización.

—¿Cómo cambiaron las cosas después de que la gente escuchara esta narración del Queso? —preguntó Becky.

—La presión de los compañeros cambió —contestó Michael—, ¡sencillamente porque nadie quería parecer un Hem!

Todos se echaron a reír.

—Querían husmear los cambios y detectarlos con antelación, ponerse rápidamente manos

104

a la obra, en lugar de demostrar indecisión y quedarse atrás.

—Esa es una buena consideración —dijo Nathan—. En nuestra empresa nadie quiere parecer un Hem. Con tal de no serlo, hasta puede que cambien. ¿Por qué nos has contado esta fábula en nuestra última reunión? Esto podría funcionar.

—Puedes tener la seguridad de que funciona —reafirmó Michael—. Funciona mejor, claro está, cuando todos los miembros de una organización conocen el relato, tanto si se trata de una gran empresa como de un pequeño negocio o de la familia, porque una organización sólo puede cambiar cuando hay en ella suficientes personas dispuestas a cambiar.

Luego, tras una pausa, les ofreció una última idea:

—Al darnos cuenta de lo bien que había funcionado para todos nosotros, empezamos a contarle la historia a todos aquellos con los que hacíamos negocios, conscientes de que ellos también tenían que habérselas con el cambio. Les sugerimos que nosotros podíamos ser su «Queso nuevo», es decir, mejores socios que contribuyeran a su propio éxito. Y eso, en efecto, nos condujo a nuevos negocios.

Aquello le dio a Jessica algunas ideas y le recordó que a la mañana siguiente tenía que hacer varias llamadas de ventas a una hora muy temprana. Miró su reloj y dijo:

—Bueno, creo que ya va siendo hora de que me retire de este depósito de Queso y encuentre algo de Queso Nuevo.

Todos se echaron a reír e iniciaron las despedidas. Muchos de ellos deseaban continuar con la conversación, pero tenían que marcharse. Al hacerlo, le dieron de nuevo las gracias a Michael.

—Me alegro mucho de que este cuento os haya parecido tan útil —les dijo—, y confío en que pronto tengáis la oportunidad de contárselo a otros.

Otros títulos
en esta colección

La paradoja

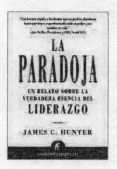

Los principios del liderazgo son tan simples que se nos han olvidado por completo.

Confundimos la autoridad con el poder y el respeto con el miedo, lo que lleva a unas relaciones tensas y recelosas entre jefes y subordinados, y a un triste resultado: cuando un equipo trabaja para contentar al jefe, ¿quién se ocupa realmente del trabajo?

Este libro nos enseña que dirigir consiste, paradójicamente, en servir a los demás, porque un buen líder está pendiente de sus subordinados para atender a sus legítimas necesidades, ayudarles a cumplir sus aspiraciones y aprovechar sus capacidades al máximo. Una reflexión inteligente sobre la responsabilidad moral que implica dirigir que ha servido de inspiración a numerosos directivos norteamericanos.

El millonario instantáneo

¿Por qué algunos logran convertirse en millonarios mientras otros sólo sueñan con llegar a serlo? ¿Es que un millonario trabaja el doble que el resto de los mortales?

Con un diálogo ágil y una acción llevada como una novela de suspense, el millonario Mark Fisher ha escrito una guía clara y convincente que resultará muy estimulante para sus lectores.

Después de todo, lo que verdaderamente le ha importado a Mark Fisher en su vida ha sido poder demostrar a los hombres de poca fe el extraordinario poder de nuestras facultades mentales.